G. DOUBLET

La Bibliothèque

D'UN ÉVÊQUE DE GRASSE ET DE VENCE

A LA FIN DU XVI° SIÈCLE

(Extrait des Annales de la Société d'Études provençales)

AIX

TYPOGRAPHIE ET LITHOGRAPHIE B. NIEL

Rue Emeric-David, 5

1904

G. DOUBLET

La Bibliothèque

D'UN ÉVÊQUE DE GRASSE ET DE VENCE

A LA FIN DU XVIe SIÈCLE

Extrait des *Annales de la Société d'Etudes Provençales*

AIX-EN-PROVENCE

TYPOGRAPHIE ET LITHOGRAPHIE B. NIEL

Rue Emeric-David, 5

1904

LA BIBLIOTHÈQUE
D'un Evêque de Grasse et de Vence
A la fin du XVIe siècle

La vie de Guillaume Le Blanc, originaire de Toulouse ou d'Albi, appartenant à une famille de souche italienne, fils d'un conseiller au Parlement de Toulouse, neveu d'un érudit qui fut chancelier de l'Université de cette ville, évêque de Toulon en 1571 et vice-légat d'Avignon, — l'originalité de sa physionomie épiscopale, les circonstances dans lesquelles il fut nommé par Henri III, le 4 septembre 1588, à Blois, évêque de Vence [1], et presque aussitôt, le 30 novembre, par cumul et sur la demande du légat de Sixte-Quint, le cardinal Francesco Morosini, évêque de Grasse [2], — les difficultés où il se trouva par suite de ce que le roi, le 27 mai 1589, à Tours, nomma évêque de ce dernier diocèse, sans se souvenir qu'il l'avait donné à G. Le Blanc, un certain Georges de Poissieux, « militaire, qui avait femme et enfants», suivant un mémoire que G. Le Blanc remit à Clément VIII en 1595, de ce que Henri IV confirma le brevet de Poissieux en décembre 1589, et de ce que le duc de Savoie, Charles-Emmanuel Ier, voulut du bien à notre évêque, — les procès où il fut engagé, la façon dont ses ennemis cherchèrent à faire sauter la cathédrale de Vence et à le faire périr sous les ruines de cet édifice en septembre 1596, la manière dont il dut disputer la mitre de Grasse à un capucin à qui Poissieux avait cédé ses droits, — et sa mort, survenue à Aix en novembre 1601, — nous en avons parlé ailleurs [3].

[1] A la mort d'Audin Garidel.

[2] A la mort d'Etienne Déodet (que certains nomment Déodat, Déodel, Théodel).

[3] *Annal. du Midi*, 1901, tom. XIII, p. 176 à 198 et 346 à 365.

Je n'ai qu'un mot à ajouter à sa vie telle que j'ai pu la reconstituer. C'est en 1592, le dimanche 31 mai, qu'il fut sacré dans la cathédrale Sainte-Réparate de Nice [1] par l'évêque de cette ville, G. L. Pallavicino, qu'assistaient L. Fiesco, des comtes de Lavagna, évêque d'Albenga, et L. de Grimaldi de Beuil, évêque titulaire de Vence [2], à qui Sixte-Quint, le nommant abbé de Saint-Pons près Nice, le 26 avril 1590, avait permis de garder le titre d'évêque de Vence, bien qu'il eût résigné depuis quatorze ans, et celui de prévôt de Saint-Jean d'Avigliana au Mont-Cenis [3]. Guillaume Le Blanc ne devait pas fêter le dixième anniversaire de son sacre.

Il reste à examiner (et ce n'est pas le moins curieux de sa vie) ce que ce fils du Languedoc laissa en mourant, et, d'après un document inédit des Archives des Alpes-Maritimes [4], à déterminer ce que semblent avoir été sa pauvreté et (ce qui est plus intéressant) les goûts d'humaniste de cet enfant de Toulouse ou d'Albi, devenu évêque en Provence.

Le 17 décembre 1601, Melchior Roubert, substitut du procureur-général au Parlement d'Aix, Pierre-Jehan Bompar, sieur d'Antibes, conseiller du roi, lieutenant de sénéchal au siège et ressort de Grasse [5], « commis à faire les saisie et

---

[1] Gioffredo, *Storia delle Alpi Maritt.*, tom. vi, p. 7.

[2] Celui-ci avait résigné son évêché en 1576, et Garidel, son vicaire-général, l'y avait remplacé de 1576 à 1588. La bulle qui unit le siège de Vence et celui de Grasse date du 14 février 1592 : de là vient que G. Le Blanc ne fut sacré que deux mois et demi après.

[3] Gioffredo, *op. cit.*, tom. v, p. 667.

[4] *Arch. départem. des Alp.-Maritim., Ev. de Vence*, G. I. Les livres de Tisserand, qui sont si mal faits, mais qui constituent encore la principale étude dont l'ancien diocèse de Vence ait été l'objet, n'insistent pas sur cet inventaire. L'un d'eux le mentionne d'un mot, mais n'en tire rien. Je puis dire qu'il est *inédit*.

[5] Fils de Louis de Bompar et de Catherine de Bertatis, co-seigneur d'Antibes, dont il fit hommage à Henri IV, le 13 février 1603, il avait été reçu lieutenant des soumissions au siège de Grasse en 1596 (*Hist. héroïq. de la nobl. de Provence,* Avignon, veuve Girard, tom. I, 1757, p. 161). Roubert était venu le trouver à Grasse et l'informer de ce que, sur la requête du procureur-général, il était chargé de faire.

inventaire des meubles, papiers, tiltres et documentz » qui appartenaient soit à l'évêque mort soit à l'évêché de Vence « dont les fruits, rentes et revenus » étaient tombés en régale par suite de son décès, et un greffier, Pierre Bérard, vont à Vence, et descendent « au logis de Guillaume Cayron, hoste, où pend pour enseigne *la Fleur du Lys* ». Le 18, dès 8 heures du matin, ils se rendent « à la maison épiscopale et font appeler l'un des chanoines les plus considérables du chapitre, Baptiste Barcillon, « vicaire général le siège vaccant »[1]. Celui-ci, à la nouvelle de la mort de l'évêque, a fait dresser un inventaire par Pierre de Guigues, notaire royal de Vence, le 22 novembre, « supposant toute la dépouille du feu sieur evesque appartenyr au chapitre ». Le chanoine Dominique Laure, capiscol du chapitre[2], a les clefs de l'évêché : on le fait venir, et il ouvre. On appelle le notaire de Guigues, et il exhibe son inventaire que le commissaire « trouve sommaire sans aulcune particullière description desdictz livres et documents ». Alors Bompar procède à un inventaire détaillé en présence de ces trois hommes, auxquels se joignent Amadis d'Haondis, chanoine-sacristain, et Jehan Vidal, un des consuls de Vence.

« Dans la salle du corps du logis qui est sur le devant », ils inscrivent, entre autres, neuf pièces « de tappisserie de cuyr que grandes que petites », sept de tapisserie verte de Bergame[3], « ung grand tappis de Turquie environ deux cannes de longueur »[4], une table de noyer qui est neuve et repose sur

---

[1] Le prêtre qui avait monté une si forte cabale contre G. Le Blanc.

[2] Etant capiscol, il avait fait, lors du siège de Vence par Lesdiguières et ses soldats calvinistes, porter les bustes-reliquaires des saints Véran et Lambert, patrons de la cathédrale, sur la tour de celle-ci. Les assiégeants s'étaient retirés. La piété populaire considérait Laure comme le sauveur de la ville (Tisserand, *Vence,* p. 169 et 178). Une partie du quartier, voisin de Vence, qui s'appelle Saint-Michel, garde le nom de « Clos de Laure » en mémoire de ce prêtre, « régent du collège de Vence », qui s'était enfermé avec les femmes, enfants et vieillards lors du siège livré par Lesdiguières et le baron Claude de Villeneuve (Id., *Nice et A. Mar.,* tom. II, p. 106).

[3] Cette tapisserie n'avait pas, on le sait, une valeur bien grande.

[4] Un peu plus de 4 mètr. (la *canna* savoisienne était de 2"096).

deux tréteaux vieux, quatre chaises de Gênes usées, un tapis de cadis vert usé.

Dans un cabinet voisin, où l'on entre « à plain pied », nous remarquons surtout « une couverte dite *vanne* [1] de lit blanche », un pot d'étain d'un quarteron, « un bassin d'aiguière », seize assiettes, « ung bassin arain », une vieille valise de bois, « une cornue de bois blanc fermée à la clef » où se trouvaient « deux livres de sermons, escriptz à la main par ledict feu sieur evesque, en parchemin » ; puis un sac contenant des lettres et des papiers d'affaires, « une bouette fer blanc y ayant lettres de doctorat, de tous les ordres sacres et du serment presté par ledict feu sieur evesque à Nostre Sainct Père pour les eveschés de Grasse et dudict Vence ».

Dans la chambre au-dessus, où Le Blanc « faizoit son estude », nous remarquons une couchette de noyer avec matelas, paillasse et pavillon en toile de coton, huit vieux coffres dont l'un contenait un chapeau noir de taffetas, une mozette violette, des coussins de drap violet ; puis « quatre estages et poupîtres bois blanc » avec des livres, qui forment un *premier catalogue* [2]. Il serait trop long de le reproduire ici ; le texte du greffier ne laisse pas d'être parfois défectueux. Tous ces ouvrages, le chanoine-sacristain dit qu'ils lui appartiennent et qu'il les avait « amiablement » prêtés à l'évêque, comme en font foi deux rôles signés par celui-ci.

Sur un autre étage, des livres qui forment un *second catalogue* [3]. On le dresse dans l'après-midi du 18 ; nous ne le donnons pas in extenso ; ici encore le greffier a écorché un certain nombre de noms d'auteurs ou de titres d'ouvrages. Le vicaire-général et le cabiscol disent que cette seconde série appartient au chapitre et vient « de la dépouille de feu messire Damas Broc, chanoine en son vivant de ladicte

---

[1] En provençal *vano* désigne une courte-pointe, une couverture de parade.
[2] 21 titres.
[3] 106 titres.

esglize, mort ab intestat », comme en fait foi la transaction passée avec ses frères.

Le 19 et le 20, « dans ladicte chambre et estude », les commissaires dressent un *troisième catalogue*, beaucoup plus long que les deux précédents [1], de livres qui appartenaient en propre au prélat mort. Le clerc en écrit les titres de mal en pis, puis ils rangent ces ouvrages « dans de vieux coffres à bahux auxquelz ils estoyent, y ayant encore ung demy coffre de discours du sieur evesque à ses diocezains sans estre rellies ».

Nous n'insistons pas longuement sur le reste de l'inventaire qui se continue « dans la cors de logis ». Il suffira de signaler, dans la cour, 5 tonneaux contenant environ 25 charges de vin ; à la cuisine, « ung chauderon vieux, ung grilh rompu », de menus objets « d'airain », de laiton et d'étain ; dans trois chambres, de mauvais matelas et de méchantes paillasses. S'il n'y a plus rien « en la despense », c'est que, dit le maître d'hôtel, deux mois auparavant des voleurs ont emporté « tout l'estaing, nappes et serviettes, estant entrez la nuict par la fenestre par dessus le toict de l'escuyerie du sieur baron de Vence ».

Il serait encore plus fastidieux de nous arrêter aux démêlés qui s'élèvent, sur ces entrefaites, entre les représentants du pouvoir central et les héritiers de Le Blanc, notamment Georges Le Blanc, « docteur en droits d'Avignon », agissant au nom de son père Pierre qui se disait héritier par bénéfice d'inventaire. Ceux-là défendent les droits du roi et du futur évêque de Vence ; le neveu du mort réclame que tout soit relaxé à son père et que rien ne soit mis sous sequestre. L'évêque avait en effet un frère, qui fut notaire et avocat du Saint-Siège à Avignon [2] et qui, dans le document que nous étudions, est nommé « docteur en droits, conseiller du Roy,

[1] 306 titres.
[2] Tisserand, *Chron. de Prov.*

jadis juge des conventions de la ville de Nismes, citoyen de
la ville d'Avignon » [1]. Son fils le représente en vertu d'une
procuration [2], et invoque un testament de l'évêque [3] ainsi
qu'un emprunt de 4158 écus 3 sous que ce dernier avait fait à
son frère. Le premier acte du successeur dè G. Le Blanc à
l'évêché de Vence [4] fut de rembourser à Georges Le Blanc, le
27 novembre 1602, ce qui lui revenait de l'héritage de
Guillaume [5].

Des chicanes, retenons seulement quelques détails. Le maître d'hôtel de l'évêque [6] dit que ce dernier lui devait 200 écus ;
la chambrière, que le prélat était si pauvre « que falloyt aller
emprunter de meubles et utensiles lhors qu'il estoyt en ce
lieu » ; le capiscol du chapitre, qu'il n'a ouvert l'évêché, depuis
la mort de G. Le Blanc, qu'à Georges « pour y coucher » ;
celui-ci, qu'il y a pris « pour son entretien et occupation un
Corpus juris civilis ». Il est encore établi que l'évêque possédait une maison à Albi, deux métairies sur le terroir de cette
ville, « et ung coffre dans le logis de *la Cloche* de la ville
d'Aix, où il est mort, ne sachant ce quy peult estre dedans
pour avoir esté la clef saizie par le lieutenant général ». N'insistons pas sur de menues dettes [7] que les commissaires disent
qu'ils éteindront ultérieurement par la vente de quelques
meubles et livres. Georges Le Blanc ne peut régler leurs hono-

---

[1] Un peu plus loin, l'acte le nomme Georges, et non Pierre.

[2] Reçue par Guill. Ruffi, notaire apostolique et royal à Avignon, le 27
novembre 1601.

[3] Retenu par François de Marin, notaire à Avignon, le 12 octobre 1599.

[4] Pierre du Vair, frère du moraliste si apprécié alors.

[5] Tisserand, *Vence*, p. 179.

[6] Il se plaint de la disparition d' « une belle nappe et une couverte de
drap pareilhe au pavillon » et insinue qu'elles ont été égarées, quand les
prêtres ont fait leur inventaire.

[7] 22 écus 30 sous qu'il avait promis, quand il fut reçu au chapitre de Vence,
de donner « pour une chape et ung anniversaire de messe de Requiem selon
l'usage » ; — 30 écus que les consuls ont donné, en son absence, mais du
consentement de son maître d'hôtel, « à ung prescheur pour arrester scanda-
les en cette cité » durant le carême de 1601 ; etc...

raires, qui montent à 48 écus : la veille de Noël, « dans la basse-court de l'evesché », après proclamations du sergent-trompette, ils vendent « 25 charges de mauvais vin, provenant du dixme et subject à se gaster [1] », une tapissière de cuir en neuf pièces, et un tapis de table, et s'en retournent à Grasse [2].

Guillaume Le Blanc ne laissait que des meubles bien simples et des vêtements fort modestes. Tisserand n'a pas tort d'écrire que son inventaire [3] prouve qu'il ne s'était guère enrichi dans ses deux évêchés. Malgré sa pauvreté, dont témoigne une partie de ce qui précède, il dotait chaque année à la saint Véran, fête d'un des patrons de sa cathédrale de Vence, une pauvre fille de ce diocèse [4]. Son seul luxe, ce furent les livres, dont Tisserand n'a rien dit. « Son estude », comme écrivent les commissaires, se faisait dans une pièce où il pouvait dormir ; « quatre étages et pupitres de bois blanc » portaient les livres qui lui appartenaient et ceux qu'il se faisait prêter. Il est impossible de ne pas songer au grand moraliste qui nous a parlé, en termes si beaux, du « commerce des livres » et, en expressions si vivantes, de la disposition de sa « librairie ». Montaigne, mort neuf ans avant notre évêque de Vence, travaillait au troisième étage d'une tour de son château : au premier était la chapelle, et au second « une chambre et sa suitte où je me couche souvent, pour estre seul ». D'une grande « garderobbe » qui, du vivant de son père, était « le lieu plus inutile de la maison », il avait fait « une des plus belles entre les librairies de village », et il y travaillait souvent, excepté durant l'hiver : « ma maison est

---

[1] Un avocat en offre 30 sous par charge ; un bourgeois, 36.

[2] Le lieutenant de sénéchal, faisant droit aux réquisitions du substitut et non aux demandes du neveu du mort, et séquestré tout ce qui avait été inventorié, meubles et livres, aux mains d'un notaire de Vence, Pierre de Guigues, (qui avait dressé en novembre, à la demande de deux chanoines, l'inventaire sommaire dont il a été parlé) et d'un médecin, André Reyony.

[3] J'insiste sur ce qu'il n'en parle pas avec plus de détails.

[4] Tisserand, *Vence*, p. 178.

juchée sur un tertre et n'a point de pièce plus éventée ». Les solives saillantes du plafond de cette bibliothèque, où fut pensé et écrit l'un des plus beaux livres de notre littérature, sont encore couvertes d'une cinquantaine d'inscriptions grecques et latines, empruntées à l'Écriture [1] ou à des auteurs de la Grèce païenne [2]. Une inscription latine, datée du 28 février 1571, et composée par Montaigne, nous apprend que, « depuis longtemps fatigué de l'esclavage de la cour et des fonctions publiques, il s'est retiré dans le sein des Doctes Vierges », parmi les livres qu'il avait acquis ou que La Boétie mourant lui avait légués. Un cabinet attenant à sa « librairie » et capable de « recevoir du feu pendant l'hiver » et de le tenir à l'abri du vent de Gascogne, a des peintures dont les sujets étaient des scènes de guerre, de chasse ou de mythologie : celles-ci d'après ces mêmes *Métamorphoses* d'Ovide dont Le Blanc avait une édition augmentée d'un commentaire.

À l'évêché de Vence tout était plus simple. Même au XVIIe siècle et sous l'épiscopat du premier académicien, qui avait été, dans sa jeunesse, habitué au confortable de l'appartement de son cousin Conrart et au luxe de l'hôtel de Rambouillet, [3] le palais épiscopal des successeurs des saints Véran et Lambert est bien modeste. Sous Guillaume Le Blanc, l'installation de la bibliothèque et le mobilier n'ont pas dû coûter bien cher ; les tentures de cuir ou de tapisserie de Bergame, les quatre chaises de Gênes « usées », le pavillon de son lit « en toile de coton », même le « grand » tapis de Turquie, ne dénoncent pas un grand faste. Le plus intéressant est le catalogue même des livres que le protégé du duc de Savoie avait étudiés ou du moins possédés durant les dernières années de

---

[1] Ecclésiaste, Épîtres de saint Paul.

[2] Sextus, surnommé l'Empirique ; Jean de Stobes (Macédoine), communément appelé Stobée.

[3] Voir mon article dans la *Nouvelle Revue* du 1er avril 1899, et d'autre part la consultation du célèbre Olivier Patru pour Godeau, que j'ai récemment publiée dans le *Bull. Histor. et Philol.* de 1903.

sa vie A ce vif amour des choses de l'esprit qui inspira jusqu'en ses derniers jours ce Toulousain, (ou cet Albigeois), de
qui le hasard avait fait un évêque provençal et un client de la
Savoie, comparons celui qui anime alors un enfant de cette
même Savoie, encore bien jeune, mais déjà humaniste, cicéronien autant qu'helléniste, nourri de l'antiquité non moins
que de la littérature contemporaine. François de Sales a reçu les
ordres en mai 1592, accompli en 1598 sa célèbre mission de
Chablais et atteint, au moment où meurt notre évêque de
Vence, la période où il va se consacrer à la tâche de directeur
de conscience, recevoir en 1602 le titre d'évêque de Genève
et écrire des ouvrages qui auront plus de notoriété que les
deux livres de sermons « escriptz en parchemin, à la main,
par le feu sieur evesque de Vence », que son épopée (si c'en
fut une) de *saint Hyacinthe*, que ses vers au Béarnais, et même
que son mandement sur les loups-garous, dont nous parlerons.

L'inventaire de Guillaume Le Blanc ne détaille guère sa
maison épiscopale. Par contre il montre quelle était la
variété de ses lectures et en particulier la richesse de sa bibliothèque. Nous pouvons ne rien dire des livres que le sacristain
lui avait prêtés, et de ceux que l'évêque avait empruntés au
chapitre : quant à ceux qui lui appartenaient *en propre*, ils se
mêlaient avec un désordre et une diversité qui présentent un
certain intérêt. Le prix d'aucun n'est indiqué par le greffier.

La littérature classique est richement représentée. Pour la
grecque, voici beaucoup d'éditions en grec : l'*Iliade*, le gra-
cieux poème *Héro et Léandre* qu'on attribuait alors à un dis-
ciple d'Orphée [1] et dont l'auteur, Musée, est aujourd'hui con-
sidéré comme n'ayant pas vécu après le vie siècle de l'ère
chrétienne, les *Fables* d'Esope, Hésiode, Eschyle, Euripide
ses œuvres alors connues et une édition à part du *Rhésus*
dont l'authenticité n'était pas alors révoquée en doute : on sait

---

[1] Le texte même. et non la traduction que Marot en avait donnée.

que cette pièce médiocre n'est que l'œuvre d'un auteur inconnu du ive siècle). Point de Sophocle; mais Aristophane, Thucydide, Xénophon, Aristote (ses œuvres complètes, une édition spéciale de la *Rhétorique*, une de la *Politique*), Isocrate, Démosthène (deux éditions complètes et un livre de « Castigationes »), Eschine, les *Argonautiques* d'Apollonius de Rhodes, Théocrite, Philon d'Alexandrie (ses œuvres complètes et une édition à part du « Moïse »), Plutarque, Diogène Laërce. D'autre part des livres dont il n'est pas dit expressément si ce sont des textes en grec ou bien, ce que je crois d'après les titres mêmes, une traduction latine: Hérodote, Platon (ses *Lettres* et les « Comelogia du divin » philosophe grec), le *de Mundo* d'Aristote et celui de Philon dans un même volume, le *de Moribus* du premier. Enfin, mais imprimés en grec et en latin, Pindare et Oppien. N'oublions pas deux lexiques grecs.

Pour la littérature latine, il semble qu'elle soit moins abondamment représentée que la grecque. Cependant voici Cicéron, les *Commentaires* de César, le *Catilina* de Salluste, Catulle, Virgile, les *Métamorphoses* d'Ovide, point de Plaute, ni de Térence, ni de Tite-Live, ni d'Horace, mais le Sénèque corrigé par l'habile humaniste Muret, ni Lucain, ni Quintilien, mais Martial, Tacite (les œuvres complètes et une édition à part des *Annales*), Silius Italicus, Suétone, Aulu-Gelle, Valère Maxime, Macrobe, les *Distiques moraux* (mais traduits en grec) de ce Dionysius Cato qui eut une si grande vogue au Moyen-Age, Cassiodore.

Après les lettres païennes, les chrétiennes. Les grecques figurent dans la bibliothèque de l'évêque de Vence, non seulement par trois exemplaires en grec du *Nouveau Testament* et par un *Evangile selon saint Mathieu* également en grec, mais encore par les *Lettres* des saints Basile et Grégoire de Nazianze, par le grand ouvrage auquel reste attaché le nom du premier évêque de Lyon, saint Irénée (le traité qu'on désigne encore communément sous le nom latin de *Adversus hæreses* et dont l'original grec a péri), par saint Justin, par le pseudo-Denys l'Aréopagite (deux éditions, dont une en latin, l'autre, semble-t-il, en grec, des ouvrages qu'on lui attribuait), par la *Paraphrase du saint Evangile selon Jean*, œuvre de l'Egyptien Nonnos, l'auteur des *Dionysiaqnes*, un maître de la fin de l'hellénisme. Le tout (excepté saint Irénée et un Denys) imprimé en grec. D'autre part, en grec et en latin, l'*Hexaméron* du diacre Georges de Pisidie; en italien, la traduction de deux discours de saint Grégoire de Nazianze. Enfin, mais il n'est pas dit en quelle langue, les œuvres de saint Epiphane, dont le titre est énoncé en latin. [1]

Quant à la littérature chrétienne latine, citons les ouvrages alors attribués à l'un des papes de la primitive Eglise, saint Clément Romain (on sait que presque tous sont aujourd'hui tenus pour apocryphes); les poésies de Juvencus (probablement son *Historia Evangelica*), de Sedulius (vraisemblablement son *Carmen paschale*), et d'un auteur moins connu que ces deux écrivains, Arator, secrétaire d'Athalaric (les *Actes des Apôtres* mis en latin par lui), le tout publié à Lyon en 1588 sous le titre commun de « *Sacra poesis* ». On peut dire que cette littérature est faiblement représentée: l'évêque de Vence était plutôt un helléniste. [2]

La byzantine l'est par saint Maxime de Constantinople, — par la paraphrase que Georges Pachymère fit du prétendu « saint Denys l'Aréopagite », — par les œuvres (en grec et en latin) de Georges Codin qui fut curopalate des derniers empereurs de Byzance. Le Bas-Empire figure encore, dans la

----

[1] Voir plus loin ce qui concerne Tertullien, saint Clément de Rome, saint Jérôme, Arnobe.

[2] On admet que l'hellénisme proprement dit cesse d'exister avec Justinien, à la fin du VI⁰ siècle. (Frères Croiset, *Hist. de la litt. grecq.*, tome V, Paris, Fontemoing, 1899, p. 330 et 1066). Si j'ai parlé plus haut de saint Jean de Damas, qui est du VIII⁰, c'est qu'il marque, disent-ils, « le terme où expire l'effort de la pensée grecque »; et de Georges de Pisidie, qui est du VII⁰, c'est qu'il leur semble « en un sens le dernier des poètes de tradition grecque ».

bibliothèque de l'évêque de Vence, par tous les livres de droit auxquels le nom de Justinien est attaché : *Institutes* (dont un exemplaire en grec), *Novelles* (reliées avec un Hésiode, semble-t-il, et rédigées en grec), *Digeste* ou *Pandectes, Code.* On rencontre aussi le nom du jurisconsulte Théophile peu de ceux qui aidèrent Tribonien dans la compilation des *Institutes*; celui de plusieurs commentateurs[1].

Une place doit être faite pour deux lexiques grecs, une liturgie en grec et en latin, des *Apophthegmata* grecs et latins: diverses collections de ce genre, faites aux dernières heures de l'hellénisme, ont reparu dans le moyen-âge byzantin.

A notre Moyen-Age appartiennent, entre autres, le *Speculum judiciale* de Guillaume Durand, évêque de Mende au XIII siècle, ouvrage publié en 1271, refait de 86 à 91, et contenant les règles de la procédure civile, criminelle et canonique ; — les œuvres de saint Bernard ; — les « *Sermones de sanctis* » de l'auteur de la fameuse *Légende Dorée*, Jacques de Voragine ; — « le Maître des sentences », autrement dit l'ouvrage du théologien du XII siècle, Pierre Lombard, *Sententiarum libri IV*, non moins connu par les centaines de commentaires dont il a été l'objet ; — bon nombre de ceux-ci, que je n'énumère point ; — plusieurs *Sommes* théologiques.

A la Renaissance se rapportent divers ouvrages : le pseudo-Bérose, histoire en cinq livres que le célèbre orientaliste Jean Nanni (connu sous le nom d'Annius de Viterbe) avait publiée à la fin du XV siècle et qui était apocryphe[2]; — des travaux de Guillaume Benoît (dit Benedictus), jurisconsulte du XV siècle et conseiller au Parlement de Toulouse; — d'autres de Bartole, jurisconsulte italien du XV siècle, que Cujas appré-

---

[1] Voir plus loin ce qui regarde Théophylacte et saint Ephrem.

[2] On sait que même les *Chroniques de Chaldée* attribuées à Bérose, qui les aurait écrites à la fin du IV siècle avant J.-C. et eût été prêtre de Bel, sont considérées comme des compositions apocryphes datant de deux siècles plus tard et dues sans doute à des Orientaux fortement hellénisés. F ères Croiset, *Hist. de la litt. gr.* tome V, p. 98 et suiv.

ciait peu ; — le « De rebus gestis Francorum » de Paolo
Emili, dit Paulus Æmilius, que Louis XII avait fait chanoine
de Notre-Dame de Paris ; — nombre d'ouvrages d'Alonso
Tostado, théologien espagnol du xvᵉ siècle, qu'on appelait de
préférence Alphonse Tostat ; — les *Chroniques* de saint Antonin de Florence, publiées en 1484.

Au xvıᵉ siècle même appartiennent beaucoup des livres de
G. Le Blanc. Et tout d'abord des auteurs qni étaient morts
avant lui. La littérature française y est représentée par « les
six livres de la République » de Jean Bodin, publiés en 1576,
et qui sont le monument le plus beau de la science politique
à cette époque. De cet auteur il avait aussi le « Theatrum uni-
versæ naturæ », donné en 1596, l'année même où Bodin mourut. Je ne sais si c'est bien le « Traité des secrètes manières
d'écrire » de Blaise de Vigenère qui est indiqué quelque part.

Une place est faite à l'érudition. Voici les *Adages* d'Erasme ;
le lexique grec de Guarino, qui avait été précepteur de Léon X
et que l'on connaissait sous le nom latinisé de Favorinus,
« Magnum et perutile dictionnarium » ; les « Libri VII Poe-
tices » de Jules-César Scaliger ; le « Antiquitatum romanarum
liber de legibus » de Paul Manuce ; les trente « Lucubra-
tiones » de Joachim Sterck van Ringelberg, cet humaniste
flamand qui avait, dit-on, juré de composer un millier d'ouvrages. Voici encore de François Hotman, à défaut de sa
« Franco-Gallia » qui, en 1573, avait mis l'érudition au service
des passions politiques, l'« Index legum romanarum » et d'autres travaux ; du président Brisson, le « De Regis Persarum
principatu » et son « De formulis et solemnibus populi romani
verbis », d'ailleurs cité en d'autres termes.

L'humanisme n'est pas sacrifié. Les « Discours » du célèbre
cicéronien Muret, les « Poésies latines » de Jean Dorat, le
poème épique que Vida avait nommé « la Christiade », le
représentent.

La place du droit et de la jurisprudence est considérable.
Citons un ouvrage de Forcadel, le successeur de Cujas à Tou-

louse, les œuvres (dont une éditée à part) de Duaren, quatre travaux du jurisconsulte toulousain Jean de Coras, trois du célèbre Alciat.

La théologie naturellement l'emporte. De Louis de Grenade, le Dominicain alors si apprécié comme prédicateur et écrivain ascétique, G. Le Blanc n'avait pas le livre le plus admiré, « la Guide des Pêcheurs », mais les « Sermons pour le temps Pascal ». De Jean Maldonato, jésuite espagnol, les « Commentarii in 4 Evangelistas », et d'Edmond Campion, jésuite anglais, quelques ouvrages. D'Alphonse de Castro, les « Adversus omnes haereses libri XIV », et de Philippe Diaz, (qui venait de mourir en avril 1601), le « Quadruplicium Contionum » et la « Summa praedicantium » : voilà pour les franciscains espagnols. Voici pour l'Angleterre : un ouvrage de Thomas Morus sur la sainte Ampoule, si je ne me trompe, et des travaux de Thomas Stapleton. Pour la France, les *Psalmi* de Gilbert Genebrard, érudit et prédicateur français, qui avait été professeur d'hébreu au Collège de France et archevêque d'Aix sous la Ligue, si acharné en faveur de Mayenne que, prenant possession de son siège le 19 septembre 1593, il avait parlé pour lui, et si ardent contre Henri IV, qu'il avait été banni par arrêt du 26 janvier 1596, et avait dû se retirer à Avignon ; des ouvrages du canoniste Pierre Grégoire et du dominicain Guillaume Pépin, alors estimés. Il va sans dire que le Concile de Trente, représenté par son *Catéchisme*, se trouvait dans cette bibliothèque.

Je mentionne à part « les *Recherches* de Guillaume de Blanc, évêque de Toulon » : ce personnage, qui avait occupé le siège de cette ville de 1572 à 1588, était l'oncle de celui qui nous intéresse, et il l'avait élevé [1]. Moréri n'a pas parlé de notre évêque de Vence dans son *Dictionnaire*, mais il y a fait une place à l'évêque de Toulon. Il dit que celui-ci fut chancelier de l'Université de Toulouse et vicaire de la Légation d'Avi-

---

[1] Tisserand, *Chron. de Provence,* p. 116.

gnon[1] ; qu'il avait quelque connaissance des langues et des belles-lettres ; qu'il traduisit Xiphilin en latin et composa en français des traités sur *le célibat* et *les Sacrements*. Ce sont, je le suppose, les *Recherches* qu'inscrivit le greffier.

Certains auteurs, dont l'évêque de Grasse et Vence possédait tel ou tel ouvrage, vivaient encore. Mentionnons spécialement Henri de Sponde, filleul de Henri IV, converti au catholicisme seulement depuis 1595 et qui devint, sous Louis XIII, évêque de Pamiers : G. Le Blanc possédait son « de Cœmeteriis sacris ». René Chopin, un jurisconsulte qui ne mourut qu'en 1606 : sa « Police ecclésiastique » et son « Domaine français»; ouvrages pour lesquels Henri III l'avait anobli, son « Commentaire sur les coutumes de Paris», dédié à Henri IV en 1596, son « Panégyrique de Henri IV »; Scévole de Sainte-Marthe, ses « Poésies »; Juste-Lipse, son « de Constantia », ses « Saturnales », ses Œuvres antiques, certaines de ses Lettres, etc...; François Suarez, de la Société de Jésus, son « Panegyricus ad Sextum »; François Piccolomini, si toutefois c'est son « Universa philosophia de moribus » qui est désignée en d'autres termes que ce titre exact ; quelques ouvrages de François Feuardent, cordelier, et l'un des controversistes les plus distingués de cette époque ; un de Duperron, qui n'était pas encore cardinal ; des travaux d'Anastase Germonio, canoniste italien, que Charles-Emmanuel de Savoie protégeait comme il s'était intéressé à G. Le Blanc, et qu'il

---

[1] D'après le *Gallia*, tom. III, *Eccles. Grass.*, col. 1177, l'évêque de Toulon avait été vice légat d'Avignon sous le cardinal Georges d'Armagnac. Celui-ci, évêque de Rodez de 1529 à 60, de Vabres en 1536, avait été fait cardinal-prêtre au titre des saints Jean et Paul le 19 décembre 1544 par Paul III Farnèse ; évêque de Lescar de 1555 à 56, archevêque de Toulouse de 1562 à 77, d'Avignon de 1577 à 85, cardinal au titre de saint Laurent *in Lucina*, enfin de saint Nicolas *in Carcere*, il mourut le 21 juillet 1585. L'évêque de Toulon écrivit contre les hérétiques « libros quam plures », selon la partie en prose de l'épitaphe de notre évêque de Grasse et Vence. D'autre part, le *Gallia* rapporte que ce dernier, le neveu, — *junior*, comme on disait alors pour le distinguer de l'autre, — avait été diacre d'Albi et en 1566 chancelier de l'Université de Toulouse. Moréri ne s'accorde donc pas avec les auteurs du *Gallia*.

nomma dans la suite archevêque de Tarentaise, puis ambassadeur à Madrid.

Malgré le nom de Suarez, on ne peut pas dire que notre évêque se soit préoccupé des premières controverses dogmatiques sur la grâce, du Molinisme dont l'auteur venait de mourir en 1600, et. des querelles qui divisaient Jésuites et Dominicains. Au moment où Clément VIII, qui penchait vers le Thomisme, avait institué, en 1597, une Congrégation « de auxiliis gratiae » pour trancher les discussions, et où il allait ordonner de les reprendre en sa présence, il est à noter que G. Le Blanc n'a pas de livres indiquant qu'il se soit particulièrement soucié de ces débats d'où sortira le jansénisme.

Les ouvrages en italien sont en nombre si petit qu'il surprend dans un évêché si voisin de la frontière et surtout dans la bibliothèque d'un homme qui avait été dévoué à la Savoie [1]. Un livre sur les Antiquités de Pouzzoles, trois volumes intitulés *Prediche de Panigora*, titre inexact où il convient, je crois, de reconnaître les *Prediche spezzate* que François Panigarola, cordelier, évêque d'Asti, et l'un des prédicateurs les plus appréciés à cette époque, avait publiées à Asti en 1591 [2]; puis trois autres volumes intitulés *Prediche del Bitonto ;* une traduction de deux discours de saint Grégoire de Nazianze : et c'est tout. On ne peut s'empêcher de songer que Montaigne, qui possédait beaucoup plus de livres latins que de grecs, et quelques ouvrages contemporains, avait un nombre assez considérable de livres italiens, surtout les œuvres des historiens, qui le ravissaient. Etant donné les sympathies de l'évê-

---

[1] Italien d'origine, né à Albi ou dans le diocèse d'Albi, d'un père de famille transalpin, il avait étudié à Rome et ensuite à Ferrare où il fut reçu docteur ès droits le 15 mai 1551 (Emile Picot, *Journal des Savants,* mars 1902, p. 144, n° 149). Un de ses prédécesseurs à Vence, J.-B. de Simiane, avait été reçu docteur ès droits à Ferrare le 14 juillet 45. (Ibid., p. 155, n° 248).

[2] Panigarola était mort en 1594 : le cardinal Caietan et lui avaient été envoyés par le pape pour soutenir la Ligue, et le prédicateur savoisien avait assisté au siège de Paris. G. Le Blanc devait l'estimer particulièrement pour ce rôle qu'il avait joué un instant.

que de Vence pour la Savoie, nous pouvions nous attendre à trouver dans sa bibliothèque une plus grande quantité d'ouvrages en italien.

Il avait aussi des livres en hébreu, deux dictionnaires, un psautier, dont le titre est en latin, une partie de l'Ancien Testament, des grammaires, ainsi que des ouvrages sur les institutions et la littérature des juifs.

Enfin, des livres en chaldéen : un ouvrage de saint Sévère d'Alexandrie en grec, hébreu et chaldéen, des grammaires chaldéennes, dont une de Moster [1]. On se rappelle le plan d'études que Gargantua trace à Pantagruel : « J'entends et veux que tu apprennes parfaitement la langue grecque, comme le veut Quintilian, secondement la latine, et puis l'hebraïque pour les Saintes Lettres, et la *Chaldaïque* et arabique pareillement ». Guillaume Le Blanc a été de son temps : si ce ne fut pas un homme et un évêque de première valeur, il a tout au moins réuni les qualités qu'on appréciait à la Renaissance et prouvé une réelle culture, jusqu'à des connaissances en « chaldéen ». Le pape Clément V n'avait-il pas, dans sa constitution *de magistris*, prescrit qu'il y eût, dans les universités de Paris, Bologne, Oxford et Salamanque, « des savants catholiques ayant une connaissance suffisante des langues hébraïque, grecque, arabe et *Chaldéenne* », en plus, — la chose va de soi, — du latin et de leur langue natale, le français, ou l'italien, ou l'anglais, ou l'espagnol ? Guillaume Le Blanc eût été bien vu au début du XIVme siècle, et le célèbre Bertrand de Got, devenu l'un des successeurs de saint Pierre, l'aurait apprécié et protégé plus que les papes de la fin du XVIme.

A titre de curiosité, qu'on remarque encore un ouvrage en

[1] Dans le *Gallia*, t. III, *Eccl. Grass.*, col. 1178 et suiv., on lit les épitaphes qui avaient été consacrées à la mémoire de notre évêque de Grasse et de Vence. L'une est de son neveu Guillaume, protonotaire apostolique, prévôt de Toulon, et se compose de vers latins. L'autre, en prose latine, est l'œuvre d'un certain Gabriel Muster, docteur en théologie. Faut-il rapprocher ce nom et celui de l'auteur de la grammaire chaldéenne ?

latin sur les hiéroglyphes. Les études d'assyriologie et d'égyptologie avaient beaucoup de chemin à faire, et le prélat n'a pas dû, malgré tout son zèle d'érudit, en savoir grand chose.

Nous ne prétendons pas avoir reconnu le titre exact de tous les ouvrages qui composaient (abstraction faite de ce qui appartient au chapitre de Vence et d'autre part au chanoine sacristain) la bibliothèque de notre évêque, ni relevé sans exception tous les noms d'auteurs qui, à quelque titre que ce fût, avaient mérité de figurer dans ses lectures. Il est superflu d'ajouter que près de la moitié de ces ouvrages sont anonymes, que le commissaire et son greffier n'ont pas tenu du moins à en noter les auteurs. En résumé, cet inventaire ne contient pas seulement des livres de théologie : la littérature classique, le droit, l'érudition, l'humanisme, l'orientalisme, y ont leur place, et celle de l'italien n'y est pas aussi considérable qu'on pourrait s'y attendre, alors que le duc de Savoie voulait tant de bien à Guillaume Le Blanc.

Au chanoine-sacristain, Amadis de Haondis, il avait emprunté quelques ouvrages ; notamment un Tertullien, un Arnobe, un saint Clément de Rome, un Clément d'Alexandrie, un ouvrage de Jacques de Voragine, deux de Théophylacte, un de saint Thomas d'Aquin, le *Speculum vitæ humanæ* dont l'auteur (non mentionné par le greffier) était le célèbre Chartreux Denys de Ryckel, surnommé « le docteur extatique » : l'ouvrage avait paru en 1495, un quart de siècle après sa mort. Je ne parle pas d'un lexique de théologie et d'une sorte de *Selectæ* sur l'histoire romaine.

Au chapitre de Vence, l'évêque avait emprunté des ouvrages dont cette compagnie avait hérité depuis peu, lors du décès d'un de ses membres. Ils sont plus nombreux et plus intéressants que ceux que messire Amadis de Haondis lui avait communiqués. Nous y trouvons un Calepin, un saint Jean Chrysostome, les *Lettres* de saint Jérôme, un Salluste, un Isocrate, un Virgile, une « Morale » d'Aristote, une « Rhétorique » de saint Ephrem, les « Apophthegmes » d'Erasme, un des ouvrages de cet Alexandre de Hales que le Moyen-Age avait surnommé « le docteur irréfragable », quatre de ceux de saint Thomas d'Aquin, le commentaire de saint Bonaventure sur les « Sentences » de Pierre Lombard, les œuvres de Gerson, et une édition à part de son « Compendium theologicum », un livre de Denys le Chartreux, deux ouvrages, réunis en un seul livre, d'Agost. Dathi, Siennois, et publiés dans le dernier quart du XVIe siècle ; un livre très singulier, paru sous l'interminable titre de « Mirabilis liber », etc..., vers le début du règne de François Ier et, semble-t-il, à Paris [1] ; un des ouvrages de Walther Burley, philosophe anglais du XIVe siècle, qu'on avait surnommé « doctor planus et perspicuus » ; une partie de la *Somme théologique* de saint Antonin, archevêque de Florence [2], publiée dans le dernier quart du XVe siècle ; une grammaire (latine ou espagnole) d'Ant. Nebrissensis (fin XVe siècle), je ne sais quel livre relatif à saint Bernard. Il avait emprunté aussi un très grand nombre de commentaires concernant « le maître des Sentences » : nous avons dit qu'on surnommait ainsi le théologien Pierre Lombard dont il vient d'être question. Parmi eux, je cite le cardinal Pierre d'Ailly et le dominicain Guillaume Durand de Saint-Pourçain, que l'on appelait « le docteur très résolutif ». L'évêque s'était fait remettre par le chapitre les *Lettres* et divers *Traités* de Pie II Piccolomini, les *Lettres* de François Philelphe, le célèbre philologue du XVe siècle, les *Annotations sur les Psaumes* de Guillaume Budé, un ouvrage de Hugues de Saint-Victor, un d'Albert le Grand, un de saint Grégoire, un d'un cordelier alors fort apprécié, et qui vivait encore, François Feuardent, un du cardinal Tolet. Je remarque enfin deux ouvrages contre le Luthéranisme. L'un est

---

[1] On lit à ce sujet, dans la 3me édition du *Manuel du Libraire*, de Brunet, (publiée à Paris, sous Louis XVIII, au plus fort de la Contre-Révolution), que « plusieurs prédictions du *Liber Mirabilis* présentent de singuliers rapports avec plus d'un événement de notre *trop mémorable* révolution ».

[2] Voir plus haut ce qui concerne ses *Chroniques*.

particulièrement curieux à signaler : c'est celui où Henri VIII, encore tout plein de saint Thomas d'Aquin et soumis à l'autorité de l'Eglise catholique, défendait les sept sacrements de celle-ci contre les attaques de Luther. Dédié au pape, ce livre valut au roi d'Angleterre le titre de *fidei defensor* qu'il garda même après le schisme et que ses successeurs ont conservé. Dans la liste de tous ces ouvrages que le chapitre de Vence avait prêtés à l'évêque, il n'y a aucun ordre : la théologie y a la part la plus considérable, mais l'humanisme n'y est pas oublié. Encore peut-il en être de curieux, parmi ceux dont nous ne parlons point ici.

Guillaume Le Blanc avait demandé aux chanoines, et à l'un d'eux en particulier, certains livres qu'il voulait examiner : mais s'il en possédait personnellement un nombre suffisant pour travailler à loisir et se passer de la complaisance d'autrui, on l'a vu. Sa bibliothèque était riche, et les ouvrages qui la composent, témoignent d'un esprit cultivé, ouvert à des études assez diverses, enrichi de connaissances variées, et nullement enfermé dans la seule théologie. Il n'était pas indifférent de l'indiquer, surtout si l'on est de l'avis que M. Ferdinand Brunetière exprimait dernièrement à propos de la bibliothèque de Bossuet [1] : « Une bibliothèque est un état d'esprit ou une forme d'intelligence... et la sienne était une de travail où à peine trouve-t-on quelques volumes reliés en maroquin... D'ailleurs le catalogue, dressé par des libraires de 1742, qui allaient la vendre avec celle de son neveu, ne saurait nous inspirer la même confiance qu'un inventaire tel que celui des livres de Molière ou de Boileau [2] ». Celui des livres de G. Le Blanc peut, d'autant qu'il distingue ceux qui

---

[1] *Journal des Savants*, avril 1900. M. Brunetière dit encore dans la *Revue Bossuet* du 25 juillet 1901, à propos du testament de l'évêque de Meaux et de l'inventaire de ses biens : « Une bibliothèque est révélatrice d'une nature d'esprit et d'une méthode de travail ».

[2] C'est dans le *Bull. de la Soc. de l'Hist. de Paris,* de sept.-oct. 1889, que se trouve ce dernier.

n'étaient pas sa propriété, nous indiquer son état d'esprit et la forme de son intelligence.

Que sont devenus les sermons de Guillaume Le Blanc, « escriptz en parchemin de sa main » et formant deux livres ? et ses discours à ses diocésains, « non relliés » et emplissant la moitié d'un coffre ? Je l'ignore : ce qui est sûr, c'est que rien de tel ne se trouve aujourd'hui dans les papiers des anciens évêchés de Vence et de Grasse que l'on conserve aux Archives départementales des Alpes-Maritimes. « On parle d'un des mandements de G. Le Blanc contre les loups-garous », écrit Tisserand. A ce propos, il ajoute, dans un de ses ouvrages [1], qu'il n'a pu en retrouver ni l'original ni une copie ; dans un autre [2], écrit antérieurement, il en parle en d'autres termes et dit que « Vence possède encore de lui un mandement touchant loups-garous [3], œuvre aussi originale que curieuse sur les croyances du temps ». J'aurais aimé à lire et à analyser cette œuvre de notre évêque de Provence qui, bien loin de Grasse et de Vence, avait donné la Confirmation à une sorte de loup-garou qui jetait la terreur dans les environs de Pontoise, et provoqué de nouveau, dans le Vexin, l'étonnement qu'un saint avait causé en Irlande. Le chanoine Bruny curé-doyen de Vence, mort il y a quelques années, et qui occupait ce poste depuis plus d'un quart de siècle, avait bien voulu me dire qu'il n'y a, dans les archives de la cure, ni l'original ni une copie de ce mandement ; qu'aucun exemplaire des poésies latines dont nous allons parler, n'y est conservé [4].

---

[1] Tisserand, *Chron. de Prov.*, p. 150.

[2] Id., *Nice et Alp.-Marit.*, p. 119.

[3] On a cru encore longtemps, parmi les gens superstitieux, que certains hommes erraient la nuit déguisés en loups. Dans le *Don Juan* de Molière, Sganarelle décrit son maître à l'écuyer de la pauvre Elvire. Sa crédulité est gauche, et il met sur le même plan les croyances religieuses et les superstitions triviales : « Mon maître est le plus grand scélérat, un enragé, un chien, un diable, un turc, un hérétique qui ne croit ni ciel, ni enfer, ni loup-garou ». Les diocésains de Le Blanc croyaient-ils aux loups-garous ? La perte de ce mandement est fâcheuse.

[4] Lors de la dernière visite que je fis à Vence et aux archives paroissiales,

Tisserand a publié le mémoire de G. Le Blanc relatif à Antibes [1], le récit de « la troisième persécution par le feu » dont j'ignore s'il est l'œuvre de l'évêque ou d'un notaire [2], son mémoire de juin 1595 au pape [3], et la lettre qu'il adressa au baron de Vence, Scipion de Villeneuve, en juillet 1592 [4].

Je n'ai pas retrouvé celle-ci aux Archives. Elle mérite d'être analysée brièvement. L'évêque parle « en père à un enfant perdu », l'invite à revenir au catholicisme, promet de lui offrir « un banquet solennel, non pas d'un veau gras, mais de l'Agneau Céleste » ; il cherche cette brebis perdue « par les montagnes de Gréolières [5] pour vous réduire en mon parc », cite Saint Paul et le livre des Proverbes, lui dit que « tout le monde n'est qu'une fable », qu'un jour « le grand Pasteur viendra en la vallée de Josaphat pour séparer les brebis d'avec les boucs », qu'il n'y a qu'une vraie Eglise, que les autres sont « des synagogues du diable, des paillardes et concubines de Satan » ; il considère le baron comme meilleur soldat que théologien, lui parle de Pharaon, « le pauvre misérable qui demeura avec son cheval submergé par les eaux : il n'est pas ja besoin que je m'explique davantage », de la façon dont Lesdiguières, sous qui il servait, a rebroussé chemin ; « notre Béthulie est délivrée et combien s'en est manqué que vous n'ayez eu la fin d'Holopherne ». Quand la France aura un roi catholique, l'évêque ne pourra saluer le baron à la cour ; quand il mourra, il sera obligé de le priver de la sépulture, « et vous adviendra ce que le prophète Jérémie crioit contre Ioacim, fils de Josias, roy de Juda, d'estre ensepveli de la sépulture de l'asne ».

en compagnie de MM. les Vicaires, — M. le chanoine Bouchard, curé de l'ancienne cité épiscopale, était absent, -- je n'ai rien vu de tel.

[1] *Chr. de Prov.*, p. 82 à 85.

[2] Ibid., p. 70 à 75.

[3] Ibid., p. 65 à 69.

[4] Ibid., p. 57 à 64.

[5] Village où le baron avait un château et vivait alors.

Quant à son mémoire de juin 1595 — ou plus exactement de la veille des calendes de ce mois, — j'en ai retrouvé le brouillon aux Archives des Alpes-Maritimes [1]. Il a pour titre : « Status eccles. Grass. et Vinc., pridie cal. Iunii anno MDXCV... in quorum fidem hic me suscripsi. Ego Guilielmus Blancus ep. Grassen. et Vinciensis ». L'évêque expose comment les deux sièges ont été unis « par Innocent IX [2] », parle des revendications du sieur de Passage [3], du baron de Vence, hérétique [4], fils d'hérétiques, baptisé hérétique, marié antérieurement à une hérétique et en secondes noces à une catholique, qui assiste à la messe sans avoir abjuré et qui est détesté de son peuple. Guillaume Le Blanc parle de ses tribulations [5], de sa fuite à Saint-Paul-de-Vence, du grand nombre des prêtres qui y passèrent treize mois avec lui, des trois chanoines, dévoués au baron, qui restèrent à Vence et dont l'un fut reconnu vicaire général « par le faux parlement » de Manosque [6], de la mère du baron qui est enterrée dans la cathédrale. Il parle de ses douleurs au chef de l'Eglise [7] et lui en rend compte, dit-il, selon une lettre de Sixte-Quint datée de 1585 [8].

---

[1] *Chap. de V., 6.*

[2] Innocent IX ne régna que quelques mois en 1591. C'est Clément VIII qui, par une bulle du 14 février 1592, avait uni les deux sièges.

[3] « Dominus de Passage, homo nobilis et militaris, uxorem habens et filios, episcopatum suum esse asserit sibi collatum... fructusque locat et percipit quantum in se est ».

[4] Sur la façon dont un des prédécesseurs de G. Le Blanc à l'évêché de Vence avait adopté quelque temps les idées de Calvin, voir mon article dans les *Annales du Midi* de juillet 1904, « Louis Grimaldi de Beuil, évêque de Vence, avant l'Inquisition ».

[5] « Resedi sex menses in ea civitate » (à Vence)... « Cum autem hostilis exercitus adventaret, neque resistere possem jamque cives de deditione agerent, effugi in urbem propiorem quae *S⁺ Pauli* appellatur : etenim munitissima et in ea catholicorum militare praesidium.

[6] Adulterinus provinciæ senatus.

[7] « ... Non sine maximo animi dolore ob derelictam sponsam : sed hoc restat solatii quod, quamdiu divellor a sponsa mea, habet me mater mea, Romana ecclesia, paratum hanc relinquere ut adhaeream uxori meae.

[8] « Posteaquam limina Apostolorum visitavi, offerens uberiorem rationem adhuc si oporteret ».

De ses poésies en l'honneur de Henri IV je ne connais rien, non plus que de celles qui glorifiaient saint Hyacinthe, récemment canonisé. C'est encore Tisserand qui dit, sans doute d'après le *Gallia* [1], que G. Le Blanc était poète et tour⁻ nait avec bonheur le vers latin. Il a publié ses poésies latines; selon le *Gallia*, à Rome, en 1595. Tisserand citait notamment « un poème sur *saint Hyacinthe* », ce dominicain silésien du XIII⁰ siècle qui évangélisa la Pologne, la Prusse, la Poméranie, le Danemark, la Suède, la Norwège, le sud de la Russie, la Tartarie et, semble-t-il, une partie de la Chine : Le Blanc l'aurait offert, on l'a dit, au cardinal de Joyeuse, vers 1592. Il convient d'y insister ici, d'autant plus que parmi les ouvrages qu'il laissa en mourant et dont nous avons étudié, d'après un document inédit, l'inventaire, — mais en nous arrêtant de préférence aux titres principaux, — nous aurions pu signaler, au nombre des anonymes, une *Vita sancti Hyacinthi*.

La canonisation du bienheureux Hyacinthe (en polonais Iaczko) avait été l'un des évènements les plus considérables de Rome, dans les dernières années de la vie de G. Le Blanc, et l'un des actes les plus remarqués de Clément VIII, qui régnait encore [2]. Les Polonais s'étaient donné beaucoup de mal pour l'obtenir, surtout depuis l'hérésie de Luther ; en septembre 1518, leur roi Sigismond I⁰ʳ l'avait sollicitée de Léon X ; en juin 1530, Clément VII leur avait permis de rendre au bienheureux dominicain, mort à Cracovie en août 1257, un « aliqualis cultus » que Paul III avait augmenté en juin 1542 ; Paul III aussi — et l'on se souvient que, lorsqu'il n'était que le cardinal Alexandre Farnèse, cardinal au titre

[1] *Gallia, Eccl. Venc.*, col. 1223. « Poeta eximius, paraenesim versibus heroicis ad Henricum IV, multaque epigrammata in ejus honorem Romæ typis edidit anno 1595, item carmina in laudem sancti Hyacinthi ».

[2] Pape de 1592 à 1605, c'est lui qui donna l'absolution à Henri IV (1595) et se proposa de couronner le Tasse au Capitole. On sait quelle part il prit aux traités de Vervins (1598) et de Lyon (1600). Nommé cardinal-prêtre de saint Pancrace en décembre 1585, lors de la seconde promotion que fit Sixte-Quint, il fut élu pape le 30 janvier 1592.

de saint Eustache [1], il avait été choisi, en 1507, par Louis XII
et Jules II pour l'évêché de Vence qu'il résigna dès 1511 [2], —
Paul III avait permis en juillet 1538 de donner aux ossements
d'Hyacinthe une sépulture solennelle, et, retrouvés à la suite
de longues recherches, ils avaient été placés sous un autel
décoré de distiques latins [3]. Enfin, en 1594, le dimanche *in
Albis* [4], Clément VIII l'avait canonisé ; la bulle rappelle que
ce pape, lorsqu'il n'était que le cardinal Hippolyte Aldobrandini et représentait le Saint-Siège comme légat *de latere*
en Pologne [5], avait vu à Cracovie le tombeau de celui qu'il
était particulièrement heureux d'inscrire au rang des saints
de l'Eglise catholique ; le document porte en outre la signa-
ture de quarante-et-un cardinaux, notamment celle de François Tolet, qui avait été, en octobre 1593, et par Clément VIII,
nommé cardinal-prêtre du titre de *Sancta Maria in Transte-
vere* [6]. Cette canonisation de saint Hyacinthe produisit un

[1] Alexandre Farnèse avait été d'abord nommé cardinal-diacre des saints
Côme et Damien en 1493 par Alexandre VI ; puis il le fut de saint Eustache,
devint évêque d'Ostie et doyen du Sacré-Collège, finit par être élu pape le
13 octobre 1534.

[2] Paul III régna de 1534 à 1549.

[3] Je suis les Bollandistes, *Acta Sanctor.*, août, date du 16 (tom. III, p. 309
à 379). Sigismond I⁰ʳ, de la dynastie des Jagellons, adversaire ardent du pro-
testantisme, mourut en 1548 ; son fils et successeur, Sigismond II, eut des
difficultés avec Rome.

[4] On appelle ainsi le dimanche de Quasimodo (in Albis depositis).

[5] En 1594, la Pologne avait pour souverain Sigismond III Wasa, roi de
Pologne par élection depuis 1587, et de Suède par droit d'héritage depuis 1592 ;
neveu de Sigismond II, il était par conséquent le petit-neveu de celui qui
avait demandé à Léon X la canonisation du bienheureux Hyacinthe. Le cardinal Aldobrandini avait été légat de Sixte-Quint près de Sigismond III.

[6] Charles de Lorraine, cardinal-diacre de sainte Agathe (déc. 1589), évêque
de Metz et de Strasbourg, — Pierre de Gondi, cardinal de saint Sylvestre
(déc. 1587), évêque de Paris, — Hugues de Loubens de Verdale, cardinal-
diacre de sainte Marie *in Porticu* (même promotion), grand maître de saint
Jean de Jérusalem, — François de Joyeuse, cardinal-prêtre de saint Sylvestre,
de saint Martin aux Monts et de la Trinité du Mont (déc. 1583), archevêque
de Toulouse, — Charles de Bourbon-Vendôme, cardinal, archevêque de
Rouen (qui mourut en juillet 1594, quelques semaines après la canonisation
de saint Hyacinthe), — représentaient alors la France dans le Sacré-Collège.

effet considérable. Déjà au milieu du xive siècle un dominicain de Cracovie, « frater Stanislaus », avait écrit un livre
« de vita et miraculis S. Hyacinthi, ordinis Praedicatorum ».
Au xvie siècle, un de Bologne, Albertus Leander, avait achevé
en mars 1516 un travail sur la vie du bienheureux ; enfin, un
de Cracovie, « frater Severinus », avait composé jusqu'à quatre livres sur sa vie, ses actes et ses miracles. L'année de la
canonisation paraissent divers ouvrages sur le saint Polonais ;
le poème de notre évêque de Vence est inspiré aussi de la
décision de Clément VIII qui avait produit un effet si considérable dans l'Eglise. Ces vers de G. Le Blanc, nous ignorons
s'ils ont été imprimés ou si le manuscrit seul en fut remis
par l'auteur au cardinal-évêque de Toulouse. Dans ces derniers
temps, des récits édifiants ont été composés sur saint Hyacinthe et sur les compagnons qui l'aidèrent à évangéliser les
païens des contrées slaves [1] : je ne pense pas que le poème de
G. Le Blanc, même s'il a été imprimé, ait beaucoup servi à
cette œuvre d'édification [2].

Guillaume Le Blanc avait, entre autres ouvrages de ses
contemporains, « la Constance » de Guillaume du Vair, que
Henri IV avait nommé, en 1596, premier Président au Parlement de Provence. Ce livre, écrit en 1589, durant le siège de
Paris par le roi de Navarre, fait encore le plus grand honneur
à son auteur : le traité « de la Constance et Consolation ès
calamités publiques » permet de le considérer encore aujour-
d'hui comme une âme vraiment élevée. On a dit que c'était

Aucun d'eux n'a signé la bulle. L'année où Clément VIII, d'abord trompé
par la Ligue et par le roi d'Espagne, donna l'absolution à Henri IV, que
représentaient d'Ossat et du Perron (17 sept. 1595), il reçut deux évêques
russes qui prêtèrent obédience à Rome (*Art de vérif. les dates*, tom. 1er,
1818, p. 432).

[1] Je parle d'un ouvrage de Mme la comtesse de Flavigny dont le *Polybiblion*
d'août 1899 dit quelque bien, ainsi que le n° 27 du *Bull. Crit.* de cette même
année.

[2] D'ailleurs le *Gallia* parle simplement de « Carmina » (*Eccl. Venc.*.
col. 1223).

« comme une ébauche du *Discours sur l'Histoire Universelle* »
et que c'est dans cet ouvrage, le troisième qu'il eût écrit, que
s'épanouit le mieux « la noblesse du style et de l'inspiration
de ce moraliste de qui Malherbe, qui l'a fréquenté en Provence, à Marseille ou à Aix, déclarait qu'il n'y avait pas de
meilleur écrivain dans notre langue [1] ».

Si nous terminons ce travail en parlant de lui, c'est que son
frère, Pierre du Vair, fut nommé par Henri IV à la place de
Guillaume Le Blanc en 1602 [2] et occupa l'évêché de Vence
jusqu'à la fin de juin 1638. Godeau, le premier inscrit sur la
première liste des académiciens, nommé évêque de Grasse
en juin 1636 et sacré à la fin de décembre, fut nommé aussi
évêque de Vence en décembre 1639 : il n'y a point à insister
ici sur le fait, bien connu d'ailleurs, qu'il trouva, pour cumu-
ler les deux évêchés provençaux, les mêmes hostilités aux-
quelles s'était heurté Guillaume Le Blanc, et qu'il finit par
renoncer à Grasse et par se contenter de Vence. Plutôt que
de laisser Le Blanc unir Grasse et Vence, on avait voulu le
faire sauter, quitte à détruire la cathédrale de Vence :
Godeau, lorsqu'il vint de Grasse à Vence, essuya un coup
d'arquebuse.

Guillaume Le Blanc n'a pas transmis à la postérité le nom,
d'ailleurs modeste, que laissa le premier académicien. Encore
mérite-t-il un rang, aussi humble qu'on voudra, parmi les
prélats humanistes chez qui l'esprit de la Renaissance vivait
et brillait. Sans doute il intéresse le Languedoc. Sa naissance
le rattache à Albi ou à Toulouse ; son oncle a été, selon
Moréri du moins [3], chancelier de l'université de la capitale du

[1] Paul Bonnefon, dans l'*Hist. de la lang. et de la litt. franç.*, publiée
sous la direction de M. Petit de Julleville, Paris, Armand Colin, tom. III,
1897, p. 477 et suiv.

[2] Le 14 août 1602, il prête serment de fidélité au Parlement de Provence,
dans la chambre de la Tournelle *(Arch. dép. des Alp.-Marit., G. 1, Evêché
de Vence).

[3] Une phrase de la *Gallia* dit que c'est notre futur évêque de Grasse et
de Vence qui occupait ce poste en 1565.

Languedoc ; un des plus grands personnages qui occupèrent, vêtus de la pourpre romaine, le siège archiépiscopal de Toulouse, lui témoigna de la sympathie. Mais il n'intéresse pas moins vivement la Provence, dont il dirigea deux diocèses simultanément et dans les circonstances les plus troublées. Il n'était pas inutile de publier, d'après un document inédit des Archives des Alpes-Maritimes, l'inventaire de la bibliothèque de cet évêque de Grasse et de Vence qui, mort à Aix, et enterré dans la cathédrale Saint-Sauveur, fut loué par l'évêque de Riez, Charles de Saint-Sixte, qui prononça son oraison funèbre, et par son neveu, Guillaume Le Blanc, prévôt du chapitre de Toulon, qui lui éleva dans l'église métropolitaine d'Aix un monument orné d'une inscription que la *Gallia* reproduit.

Nous nous demandons enfin quel était son degré de parenté — et si même il en existait un — avec un personnage dont il a été dernièrement question dans une des publications savantes les plus appréciées : Etienne Le Blanc, de qui M. Léopold Delisle a récemment tiré le nom de l'oubli à propos de « Traductions d'auteurs grecs et latins offertes à François Ier et à Anne de Montmorency » par lui et A. Macault [1]. Fils de Louis Le Blanc qui fut notaire et secrétaire de Charles VIII et de Louis XII, Etienne commença à faire œuvre de littérateur et d'historien sous le règne de ce dernier, entra au service de Louise de Savoie [2], servit François Ier comme contrôleur général de l'épargne, lui dédia une version de douze « Oraisons » de Cicéron, composa divers traités et fut ennobli par Henri II en mars 1552. Il devait être alors au seuil de la vieillesse. C'est « un de ces personnages d'ordre secondaire qui appartiennent à l'histoire administrative et littéraire d'un

---

[1] *Journ. des Savants,* août 1900.

[2] La mère de François Ier, fille du duc Philippe II de Savoie, et tante du duc Philibert-Emmanuel qui, après que la Savoie avait été province française de 1532 à 59, recevra ses états à la paix du Cateau, était par conséquent la tante du duc Charles-Emmanuel Ier.

règne et dont les noms, passés sous silence dans les dictionnaires biographiques, devront être soigneusement recueillis quelque jour ».

Un catalogue manuscrit des évêques de Grasse, que j'ai sous les yeux [1], dit que notre prélat était « un très bon poète. Il possédait parfaitement bien les humanités. Il a mis au jour un poème de la vie de saint Hyacinthe, en vers imités de Virgile, qui est tout à fait beau ; il a rempli cet ouvrage de fragments de ce poète. Il a encore mis au jour un discours à ses diocésains contre l'erreur dans laquelle ils étaient que les dommages qu'ils souffraient des loups étaient causés par des sorciers et des loups-garous : livre très curieux, où il est fait mention de tous les animaux qui ont causé des dommages aux hommes en différents temps ».

G. Doublet.

[1] Arch. dép. des Alp.-Marit., *Ev. de Grasse*, G. 2.

9 782019 928506